E. JOURDEUIL

LA CHASSE

A LA

BÉCASSE

Il n'est pas de... Bécasses sans épines !

DIJON

LAMARCHE, ÉDITEUR

place Saint-Étienne

1870

Prix : 1 franc

LA

CHASSE A LA BÉCASSE

DIJON, IMPRIMERIE J.-E. RABUTOT

LA CHASSE

A LA

BÉCASSE

PAR

E. JOURDEUIL

Il n'est pas de... Bécasses sans épines !

DIJON

LAMARCHE, LIBRAIRE-ÉDITEUR

place Saint-Étienne

1870

A mon ami Bombonnel

Permettez-moi, mon cher maître, de vous offrir la dédicace de ce petit livre, résumé fidèle de vingt-cinq ans de chasse et d'observations continuelles.

Le sujet que je vais traiter est bien modeste sans doute, pour oser l'abriter sous votre nom; mais les migrations et les habitudes étranges de la Bécasse, les grandes difficultés de cette chasse au point de vue de la quête et du tir, le rendent digne de vous.

La guerre aux Bécasses n'offre pas les no-

bles dangers et les terribles émotions de vos luttes grandioses contre les lions et les panthères de l'Atlas, mais elle a une grande supériorité sur elles, et vous serez de mon avis.

A la chasse aux Bécasses on rencontre des épines, mais au moins on a l'espoir de manger son gibier, tandis que dans vos chasses d'Afrique c'est tout le contraire : on ne mange jamais son gibier, et c'est lui qui souvent croque le chasseur. Est-ce vrai?

Prenez donc sous votre protection ces pages écrites pour le plaisir et l'utilité de nos confrères en saint Hubert, et croyez, mon cher maitre, à mes sentiments affectueux et dévoués.

E. JOURDEUIL.

Beire-le-Châtel, le 1er mai 1870.

AVANT-PROPOS

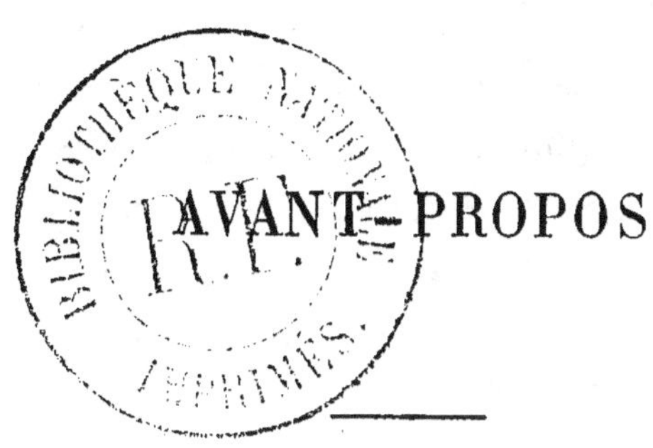

Écrire un nouveau livre sur la Bécasse, et sembler vouloir professer sur un sujet déjà traité par des naturalistes comme Buffon et Temming, et des auteurs tels qu'Elzéar Blaze, d'Houdetot, le docteur Chenu, La Vallée, Polet de Faveaux, etc., etc., paraît au premier abord constituer une monstrueuse prétention.

Cependant tout le monde ne possède pas la collection des ouvrages sur cette matière, et toute la vérité n'a pas encore été dite sur l'oiseau au long bec, depuis si longtemps calomnié; il existe de graves erreurs à signaler, et des observations nouvelles à ajouter aux anciennes.

On nous a décrit, il est vrai, les migrations et les habitudes de la Bécasse sur les côtes de la Bretagne, aux environs de Paris et en Belgique; mais personne encore ne nous a mis au courant des faits et gestes de cet oiseau dans les grands bois et les montagnes du Centre, de l'Est, et dans notre pays de Bourgogne : n'était-ce pas une lacune à combler, pour un chasseur bourguignon ?

Il nous a semblé dès lors qu'un livre nouveau décrivant à la fois les habitudes de la Bécasse en tous pays et surtout en Bourgogne, citant les opinions des différents auteurs et les discutant avec soin, serait une œuvre utile à offrir aux chasseurs.

Tel est le but de ce petit livre.

LA CHASSE A LA BÉCASSE

CHAPITRE PREMIER

La Bécasse et ses variétés

Tout le monde a vu , chassé ou mangé des Bécasses : mais peu d'initiés les connaissent. La Bécasse est à la fois un oiseau incompris et calomnié ! Elle jouit d'une réputation de stupidité proverbiale ; on dit : « Bête comme une Bécasse ! » — « Il a un nez de Bécasse ! » — « C'est « un oiseau crépusculaire qui ne voit bien que « la nuit, dit M. de Buffon : en... manchettes. »

« La Bécasse a la vue mauvaise .., » ajoute Elzéar Blaze dans sa *Chasse au chien d'arrêt* (p. 297).

1.

« Sa stupidité la fait tomber dans tous les
« piéges..,» dit le docteur Chenu (pag. 101).

Toutes ces opinions sont de graves erreurs,
n'en déplaise aux manchettes de M. de Buffon et
à MM. Blaze et Chenu !

La Bécasse non seulement n'est pas stupide,
mais c'est au contraire un des oiseaux les plus
défiants et les plus rusés qui existent. C'est l'o-
pinion de l'illustre garde *Clamart*, qui pendant
50 ans a chassé la Bécasse dans les Ardennes,
et du pseudonyme Marksmann (1), de M. Polet
de Faveaux, la mienne, et celle de tous ceux
qui lui ont fait la guerre. — La Bécasse a la
vue perçante pendant le jour, et la nuit elle
humilierait les chouettes ! Son vol est rapide,
puissant, irrégulier : elle court sous bois avec
une vitesse extrême, et son plumage, le vrai type
de la couleur du gibier plume, s'il en existe
une, la dérobe à six pas aux yeux du chasseur.

Si cet oiseau était stupide et ne voyait clair
que la nuit, on en tuerait davantage, et la bre-
douille ne serait pas si commune ! Les chasseurs
savent combien on fait de kilomètres et on use

(1) *Le Tireur infaillible*, p. 145.

d'habits pour en rapporter quelques-unes ! La Bécasse (*Scolopax rusticola,* Linné) est, d'après l'illustre Cuvier, un longirostre *échassier !* Je comprends longirostre, oiseau au long bec, mais *échassier !* Cet oiseau a les pattes beaucoup trop courtes, bien qu'il court très vite, pour être comparé à un échassier ! Cuvier aura voulu dire sans doute que sa course égalait en rapidité la vitesse des échassiers ; je ne vois pas d'autres raisons à cette dénomination étrange..... et peu justifiée.

En Espagne on la nomme *gallina ciega* (ou poule aveugle), et en Andalousie perdrix *chocha* (ou perdrix radoteuse) parce que sa voix n'a que les deux notes, pitt, pitt, et craw, craw ! Or la Bécasse n'est ni de la famille des gallinacées ni aveugle, et sa voix n'a pas que deux notes ; je vais démontrer l'inexactitude de ces définitions. — Si la Bécasse avait la vue mauvaise, elle n'apercevrait pas en plein jour à 60 pas, en volant au-dessus des taillis, le chasseur et le chien, et ne se livrerait pas à ces brusques crochets qui doivent l'éloigner du danger ; elle ne circulerait pas comme elle le fait avec rapidité jour et nuit au milieu des gaulis les plus élevés et des grands arbres, sans se heurter souvent. Or qui a vu jamais une Bécasse se heurter contre un arbre? J'ai vu des perdrix, des grives, partant d'effroi, tomber à moitié assommées, étourdies, l'aile brisée, mais des Bécasses jamais !

Si une Bécasse, levée par un chien, vient s'abattre dans une clairière, ou sur une route, sans vous apercevoir (ce qui est bien rare), si vous ne restez pas quelques instants dans une immobilité absolue, elle s'envole comme une flèche, au lieu de courir un peu sous bois et de se gîter de nouveau.

Notre oiseau n'est donc ni myope ni presbyte; quant à son prétendu radotage et aux deux uniques notes de sa voix, c'est encore une nouvelle erreur à signaler et à détruire ; il n'a pas sans doute un chant mélodieux, mais il a plusieurs notes connues.

Au printemps, lorsqu'il joue au-dessus des taillis, il a un cri d'appel pitt, pitt, et un chant d'amour caw, caw, ou corr, corr ; M. de Buffon lui trouve un chant très varié. Le voici : « pidi, pidi, qoqo, couan, frou-frou, cri-cri! » Je déclare, moi, ne *jamais l'avoir entendu !* Indépendamment de ses deux prétendues notes uniques pitt, pitt, et craw, craw, que l'on n'entend qu'en mars, et jamais en automne, la Bécasse, en toute saison, jette encore un cri d'effroi lorsqu'elle est brusquement surprise dans son gîte, et s'envole en répétant plusieurs fois corr, corr, corr, corr, corr, et dans ce cas elle s'abat à courte distance.

Puis lorsqu'elle effectue ses longues traversées, ne doit-elle pas, pour ne pas se séparer de ses compagnes, se guider par des cris de rappel, puisque sa vue alors lui est inutile au milieu des épais brouillards d'une nuit obscure ? Cela est au moins probable, pour ne pas dire plus.

Les Anglais la nomment Woodcock ou coq des bois, sans doute parce que cet oiseau n'a *aucune analogie* avec les gallinacées. — Ce nom est inexplicable, excepté chez les Anglais !

Son bec long, dont la pointe est plutôt charnue que cornée, lui sert à démêler dans la vase les vermisseaux et les insectes dont elle fait sa nourriture, et à jeter vivement de tous côtés les feuilles ou la mousse sous lesquelles elle cherche pâture. M. Polet de Faveaux cite l'opinion de plusieurs auteurs qui prétendent que le bec lui sert encore de levier pour prendre son vol plus rapidement : cela est possible. Ce qui paraît certain, c'est que l'extrémité de cet organe est pourvu d'un appareil nerveux doué d'un tact parfait.

C'est à son bec que la Bécasse doit son nom dans toutes les langues, excepté en Espagne et en Angleterre, où ses titres qualificatifs sont aussi originaux que peu mérités ; c'est le mot bec qui sert de racine à son nom : — *Bécasse* en français, *Scolopax* en latin et en grec, *Béccacia* en Italie, *Schneffe* en Allemagne, signifient pieu, bec ou pointe.

Son ouïe est parfaite, et l'on n'a qu'à examiner l'ouverture auriculaire, énorme pour la grosseur de la tête, pour s'en rendre compte.

Ses pattes courtes et fortes, de couleur grise-rosée, ne constituent pas un échassier, tant s'en faut, mais cependant lui permettent une grande vitesse, ce dont elle use au besoin.

La tête est carrée, et les yeux, très grands, sont susceptibles de contraction et de dilatation comme ceux de la chouette. Les ailes, longues, semblent être intermédiaires entre celles des oiseaux rameurs et des oiseaux voiliers.

Quant à la couleur de son plumage, la description en est presque inpossible; d'ailleurs, un des plus grands peintres de la nature, comme dit M. P. de Faveaux, p. 30, a émis la même opinion : « On ne peut rendre les beaux effets « de clair obscur que des teintes hachées, fon- « dues, lavées de gris, de bistre et de terre « sombre produisent, quoique dans le genre « sombre, sur le plumage de ces oiseaux. »

Dans cette espèce la femelle est plus grosse que le mâle et son plumage est moins foncé que chez ce dernier.

On distingue aussi la femelle du mâle en ce que les couvertures alaires ont un plus grand nombre de taches blanches. (Temming, *Manuel d'Ornithologie*, p. 674.)

La première penne de l'aile est jaunâtre et sans taches sur la barbe externe. (Dr Chenu, *Chasse au chien d'arrêt*, p. 98.)

D'après M. d'Houdetot et autres, on doit compter trois variétés de Bécasses : la grande, la moyenne et la petite.

M. de la Neuville dans son ouvrage n'en compte que deux; M. P. de Faveaux soutient aussi qu'il n'en existe en Belgique que deux variétés, la Bécasse ordinaire et la petite Bécasse, appelée martinète. Depuis vingt-cinq ans que je me livre à cette chasse, je n'en ai généralement remarqué que deux variétés : la petite au long bec et la Bécasse ordinaire au bec gros et court ; mais il m'est arrivé à deux ou trois reprises d'en tuer de très grosses, au plumage terne et au bec très court. La petite Bécasse commence le passage, et la Bécasse ordinaire le termine ; cependant j'ai trouvé quelquefois, mais rarement, la petite Bécasse à la fin du passage. Quant aux autres différences de taille et de couleur, elles doivent provenir nécessairement d'influences locales et d'une alimentation plus ou moins abondante. M. P. de Faveaux prétend que la Bécasse est plus grosse et plus forte en Amérique, et il suppose que ce pourrait bien être celle-là qui fait son apparition quelquefois dans nos contrées. Il est à cet égard complétement en désaccord avec M. B.-H. Révoil, qui déclare dans ses *Chasses de l'Amérique du Nord, aux États-Unis,* qu'on trouve énormément de Bécasses en juillet dans les canniers et les marécages, mais qu'elles sont beaucoup plus *petites* que celles d'Europe ! Que conclure ? C'est difficile ; mais on peut admettre en principe que puisque la Bécasse existe sous presque toutes les latitudes, il est possible que dans ses continuelles migrations elle vienne offrir dans nos contrées des spécimens de ses différentes variétés.

La Bécasse niche à la fin de mars ou dans le commencement d'avril, par terre et presque toujours au milieu d'une cépée ; elle creuse un trou de dix centimètres de profondeur qu'elle garnit de feuilles sèches. Sa ponte est de trois à cinq œufs, oblongs, d'un jaune sâle, striés de taches brunes et un peu plus gros que ceux du pigeon ordinaire.

Pendant l'incubation, qui varie de seize à dix-huit jours, le mâle reste aux environs du nid et s'éloigne rarement ; mais le soir le couple va faire sa toilette à la plus prochaine mare et re-vient vermiller autour du toit conjugal.

Les petits sont couverts en naissant d'un lé-ger duvet et courent de suite en sortant de l'œuf ; ils restent très longtemps sous la pro-tection maternelle, et il m'est arrivé en juin et en juillet de faire lever dans un espace restreint de jeunes Bécasses accompagnées toujours d'une grosse, le père ou la mère, qui montrent dour leur progéniture un dévouement et un courage admirables !

En cas de danger les parents prennent chacun un de leurs petits dans leur bec et entre leurs pattes et s'envolent dans une direction opposée à leur demeure ; comme la perdrix, la Bécasse se donne au chien, se traîne en battant de l'aile et s'enfuit lentement pour éloigner l'ennemi de la couvée.

En somme c'est un oiseau pacifique, d'humeur douce et d'un bon naturel : est-ce donc pour cette raison qu'on dit: « Bête comme une Bécasse, » puisqu'en France, le pays le plus spirituel de l'univers, bon est souvent, hélas ! synonyme de bête ?

Si le célèbre de Buffon, le naturaliste Belon et autres avaient... chassé la Bécasse, et étudié ses habitudes avec soin ailleurs que dans leur cabinet, ils ne lui auraient pas donné cette réputation de bêtise proverbiale si injustement !

CHAPITRE II

D'où viennent les Bécasses

Les Bécasses se rencontrent dans presque toutes les contrées de l'univers et vivent dans les climats les plus opposés : on les trouve aussi bien en Sibérie, en Norwège, en Islande que dans les Iles de la Guinée, du Sénégal et dans l'Inde.

C'est un oiseau cosmopolite et essentiellement nomade. D'après MM. de Buffon et Belon, les Bécasses viennent des hautes montagnes de la Savoie, de la Suisse, du Jura, des Vosges, des Pyrénées où elles ont passé la saison d'été et élevé leur famille, et se rendent dans des climats plus chauds pour hiverner.

D'après M. d'Houdetot, elles arrivent de l'ouest, et la preuve, dit-il, c'est que du jour au lendemain on en trouve de grands passages sur les côtes de la Bretagne, où elles se jettent dans les haies, les jardins et même dans les carrés de légumes, ce qui prouve évidemment qu'elles viennent par la mer et de l'ouest, de l'Amérique...; mais elles n'en viennent pas *toutes*.

D'autres auteurs prétendent qu'elles descendent du nord, du Groënland, de la Suède, de la Norwège, de l'Islande, de la Russie.

Que faut-il conclure de toutes ces opinions? C'est que les Bécasses, oiseaux voyageurs, quittent à l'entrée de l'automne les contrées froides ou tempérées et arrivent du nord, de l'ouest et de l'est pour aller au midi, en Algérie, en Egypte, au Sénégal et ailleurs, passer la saison des grands froids sous des climats plus doux. Au printemps, elles abandonnent ces mêmes contrées où elles ont passé l'hiver, et retournent habiter les montagnes et les pays tempérés du nord où elles nichent et élèvent leur couvée.

Elles viennent donc de partout, puisqu'on les
rencontre partout, et sous toutes les latitudes :
mais plus intelligentes que l'habitant des climats soi-disant tempérés où il gèle en hiver et
rôtit en été, les Bécasses vont se chauffer
l'hiver au soleil du midi, et se mettent au frais
pendant l'été dans les contrées du nord.

CHAPITRE III

Migrations de la Bécasse

Comme nous venons de le dire, dès le commencement de septembre les Bécasses se mettent en marche : de tous côtés elles arrivent se dirigeant vers le sud ; aux environs de la Toussaint, le passage est dans toute sa force, et continue jusqu'à la fin de novembre et même de décembre, suivant l'état de la température.

Si l'hiver est doux, notre oiseau voyage lentement, s'arrêtant quelques jours dans les bois où il trouve une alimentation suffisante et des sources vives ; si au contraire la saison est rigoureuse, il passe rapidement et par grands voiliers, gagnant au plus vite le pays du soleil, l'Afrique, l'Egypte, le Sénégal, etc. Là il plante sa tente dans les fourrés situés au bord des marais, ou dans les broussailles des rivières, et attend que les froids aient cessé.

Dès la fin de février et même avant, si le printemps est précoce, choisissant de préférence les vents du sud ou de l'est et les nuits obscures, les Bécasses commencent leur passage de retour; elles arrivent non par une ou par deux mais par bandes, malgré M. de Buffon. A la passe du matin, en mars, j'en ai compté 9 qui sont allées se remiser à l'extrémité du bois où j'étais placé ; j'ai été à la remise, mais elles partaient de loin, et j'étais trop jeune alors pour profiter de la chance qui s'offrait à moi. Le même fait m'a été raconté par un de mes amis qui en a compté 11, à l'aube, volant très bas, dans la direction du nord. Elles voyagent donc par bandes, et la nuit, s'arrêtant au point du jour dans les bois qu'elles rencontrent, et non par *une* ou par *deux*.

Elles observent à leur passage de retour les mêmes règles qu'à leur départ, voyageant lentement ou vite, suivant le vent et la températaure qu'elles prévoient quelques jours à l'avance, mieux que tous nos astronomes. Avant ou après une période de jours froids et de nuits obscures, et aux environs du 20 mars, s'il vente du sud ou de l'est, visitez vos bois avec le plus grand soin, et quêtez dans les taillis de 6 à 10 ans : vous aurez bien peu de bonheur si vous n'avez pas l'occasion d'en tirer au moins quelques-unes.

Quand les ramiers arrivent, que les grives du printemps (*turdus musicus*) commencent à se montrer, la Bécasse est en route. Le passage du printemps dure en moyenne du 10 mars au 5 avril, sauf exceptions, bien entendu.

CHAPITRE IV

Habitudes de la Bécasse

A son arrivée, la Bécasse choisit un gîte à sa convenance et y reste quelques jours, longtemps même si la température ne change pas; si elle varie elle se remet en route immédiatement.

Généralement elle préfère les taillis de six à dix ans, situés sur les coteaux au levant ou au midi, dégarnis d'herbes, mais garnis de mousse, de buissons de houx, de fougères, ou d'un épais tapis de feuilles, ce qui ne vous empêchera pas d'en rencontrer en plein nord dans les taillis de vingt ans et plus! Un jour vous la trouverez sur le bord des champs, le lendemain au fond de la forêt !

Par un temps sec, vous la quêterez logiquement dans les endroits humides, dans les bas-fonds, dans le voisinage des mares, elle n'y sera pas ! Elle aura adopté au contraire des coteaux secs, battus du vent et remplis d'herbes et de ronces.

Pourquoi, me direz-vous ? Je l'ignore, mais cela est ainsi ; avec ce gibier, tout est incertain, imprévu pour le chasseur, mais non pour l'oiseau qui n'agit jamais sans motifs.

Chaque année, et tant que les taillis n'ont pas trop grandi et ne sont pas dégarnis du pied, la Bécasse revient aux mêmes cantons, au pied des mêmes cépées, dans la même coupe ! Certainement ce n'est pas la même, puisque vous l'avez tuée six mois avant! Mais ses remplaçantes ont hérité des mêmes habitudes, et si pendant plusieurs années vous en trouvez toujours au même endroit, c'est que très certainement des causes que vous ignorez les y ramènent très logiquement.

Quêtez donc tous les jours aux mêmes places et pendant toute la durée du passage ; revenez souvent visiter l'enceinte où vous aurez levé les premières Bécasses de la saison ; presque toujours vous en trouverez là, qui se succèdent l'une à l'autre.

Pendant le jour, la Bécasse reste blottie dans un fourré, presque toujours à côté d'un chemin, d'un carrefour, ou d'une clairière. Elle se gîte au milieu d'une cépée et reste immobile ; sur les deux ou trois heures de l'après-midi, elle se met en mouvement et commence à vermiller autour de son gîte ; c'est à mon avis le moment le plus favorable pour la quêter sous bois ; le chien a plus de chances de tomber sur sa piste et de la suivre que lorsqu'elle est blottie ; car s'il n'a pas le nez au vent il peut dans ce cas passer à côté sans la sentir.

La Bécasse signale sa présence par des *mi roirs*, larges plaques blanchâtres, mouchetées d'un point noir ou roux au milieu ; ce sont ses fientes ; lorsqu'elles sont fraîches, ce dont vous pouvez vous assurer par le moyen qui vous plaira le mieux (je le laisse à votre disposition), le gibier n'est pas loin, ordinairement.

En outre, lorsque les feuilles ou la mousse sont fraîchement retournées, et que vous voyez

2.

l'empreinte de son bec dans les bouses des vaches qui pâturent les taillis, je vous engage à surveiller les allures de votre chien, et à vous préparer…. à tirer.

Au crépuscule du soir, les Bécasses prennent leur vol et se rendent après la croûle ou la passe soit à une mare soit aux bords d'une rivière, où elles se lavent les pieds et le bec. Leur toilette terminée avec soin, elles se dirigent vers les blés et les prairies où elles passent leur nuit à vermiller.

A l'aube du jour elles reviennent au bois et se gîtent, comme je l'ai dit, jusqu'à une heure ou deux heures de l'après-midi, et ne s'envolent que lorsqu'elles sont dérangées, car la Bécasse ne vole en plein jour que pour fuir un danger.

CHAPITRE V

Armes et Costume

A la chasse à la Bécasse, comme à toutes les autres, il faut, à mon avis, se servir de son arme habituelle, dont le poids, la couche, les détentes nous sont familières, et ne pas changer son fusil ordinaire contre un autre fusil plus court, plus léger, ou de plus gros calibre, commandé chez le fabricant, sur des mesures déterminées et exactement semblables à celles de notre arme habituelle. Un fusil copié par le fabricant même le plus habile n'est jamais conforme au modèle; le poids, la couche, la forme de la poignée, les détentes, ne sont pas et ne peuvent jamais être identiques, malgré tous les soins apportés et le travail consciencieux de la plupart de nos armuriers d'aujourd'hui.

Changer son arme, c'est changer son tir. Ces recommandations pourront paraître inutiles ou superflues aux bons tireurs, pour qui toutes les armes sont bonnes et portent bien.... à 50 pas, grâce à leur coup d'œil assuré, et à leur sangfroid inaltérable.

Mais tout le monde, heureusement... pour le gibier ! n'est pas de la même force... et c'est pour tout le monde que j'écris.

Servez-vous donc de votre arme habituelle à bascule ou à baguette.

Si par hasard vous n'êtes pas armé convenablement et que vous vouliez vous équiper avec soin, je vous recommanderai le fusil à bascule calib. 16. de 0. 70ᶜ. à 0. 80ᶜ. de longueur, aux canons très épais au tonnerre et légers du bout ; avec cela de bonnes platines aux ressorts nerveux et liants à la fois et une crosse à votre couche et à votre œil, bien de fil ; c'est moins brillant sans doute que les crosses en bois ronceux et ornées de nœuds, mais c'est beaucoup plus solide. Avec une arme semblable, vous serez admirablement préparé pour tirer des Bécasses et n'importe quel autre gibier à plume et à poil... même le lion !

Je vous engagerai à charger vos cartouches avec 4 grammes de poudre ordinaire (c'est celle qui garnit le mieux) et 32 grammes de plomb n° 8 pour le coup que vous avez l'habitude de tirer le premier.

Pour le second coup, 4 grammes 1/2 de poudre et 30 grammes de plomb n° 7 ou 6. On a écrit de gros volumes et de savants traités sur les charges en poudre et en plomb, suivant les différents calibres.

J'ai essayé de toutes et à *toutes portées*, et j'ai formulé pour toutes les armes et les charges, ce principe : *Employer en plomb le même volume qu'en poudre.* Chargez ainsi votre fusil ou vos cartouches et vous serez bien vite de mon avis.

Cependant je conviens que si vous êtes porteur d'un calibre 8 et que vous y mettiez 6 grammes de poudre et 2 onces de plomb, vous aurez des chances de succès... mais énormément de fatigue et une effroyable consommation de munitions... sans compter leur transport... à dos... d'âne !

Contentez-vous d'un calibre 16, chargé comme je viens de vous l'indiquer, ce sera plus sage et vous arriverez à d'excellents résultats.

Je vous engage en outre à toujours tenir en réserve quelques cartouches n°s 5 et 4 pour le gibier de hasard, canards ou ramiers, et enfin une ou deux cartouches à balle dans votre gousset ; on ne sait pas ce qui peut arriver et il faut être en mesure ; en cherchant des Bécasses, on est souvent exposé à tirer sur des sangliers : cela m'est arrivé et à d'autres aussi.

Sous bois, tout ce qui court ou vole ressemble à la Bécasse, dit-on. Je le veux bien, et je me range de cet avis, mais en automne seulement! En mars, respectons notre gibier sédentaire et laissons-le aux devoirs de la famille. N'escomptons pas nos plaisirs futurs et ne nous trompons pas. D'ailleurs nous chassons et ne braconnons pas, c'est convenu.

Vous voici donc armé ; occupons-nous maintenant de l'équipement.

En principe je n'admets ni les carnassières dont la bretelle s'accroche sous bois à toutes les branches, ni les cartouchières suspendues en bandoulières ou attachées autour de la ceinture ;

évitons dans une chasse fatigante tout ce qui doit, en nous gênant et nuisant à la liberté des mouvements du corps, nous fatiguer inutilement.

Remplaçons les cartouchières par un gilet ordinaire dans lequel vous ferez pratiquer cinq ou six poches destinées aux cartouches, et le carnier par une veste corse, ou blouse-carnier, vêtement contenant une grande poche destinée au gibier. Pour que cet habit remplisse bien son but d'utilité, il doit être collant au corps une fois fermé, court, de couleur foncée, et garni de nombreuses poches ; vous y placerez tout votre attirail de chasseur et de fumeur, si vous avez, comme je l'espère, ce défaut terrible, destiné à abréger vos jours, au dire de la docte Faculté...

La poche au gibier ne doit pas descendre plus bas que la fin des reins et le commencement de... vous me comprenez ? On peut la faire garnir d'un cuir léger, ou plutôt se munir d'un petit sac mobile en tissu de caoutchouc, que l'on place dans la poche et où l'on met son gibier sans risquer de se couvrir de sang et de plumes, etc.

Cette poche, qui peut contenir jusqu'à 10 et 12 Bécasses avec un canard ou deux et quelques ramiers, vous paraît d'une dimension raisonnable et vous avez raison... Habituellement elle sera trop vaste. Cependant elle a un défaut capital, c'est qu'elle ne laisse pas les becs de Bécasses passer au travers du tissu. Mais vous chassez sérieusement, et cette petite satisfaction d'amour-propre vous laissera indifférent. S'il en était autrement, je vous engagerais à prendre un carnier à filet et à y faire passer les becs de vos Bécasses, si vous en tuez. Si vous n'en tuez pas, vous pourrez en mettre tout de même ! En ce cas faites-les fixer à demeure par un bon point de couture, ce sera peut-être plus sûr.

N'oubliez pas que les nombreuses poches de votre veste ne sont pas seulement destinées à votre attirail de chasseur ou de fumeur, mais qu'elles doivent renfermer aussi un morceau de pain dans lequel je vous invite à placer une tranche de jambon, et une bouteille de chasse contenant au moins deux verres de vin ; en outre un flacon d'ammoniaque pour les morsures de vipères, une petite pince pour

enlever les épines, et enfin un foulard destiné
à protéger votre cou ou vos oreilles à la tombée
du jour, si vous restez à la passe.

Pour pantalon, choisissez du bon velours de
coton à petites côtes, et faites-lui donner de
l'ampleur ; c'est l'étoffe qui résiste le mieux
aux épines sans déchirer.

Si vous chassez dans des bois marécageux,
remplis de bas-fonds, chaussez-vous de bottes
très légères et imperméables... s'il en existe
réellement ; sinon, je vous recommanderai le
brodequin au talon bas, à semelles larges, et la
jambière de cuir ou de drap recouvrant le pantalon jusqu'au genou.

Parlons maintenant de la coiffure.

La meilleure de toutes, sauf le poids, serait
le casque de pompier dernier modèle ou le
casque prussien en cuir bouilli. Mais ce couvre-
chef belliqueux peut être remplacé à peu près
par la casquette de feutre *dur* à double visière
destinée à écarter les branches de votre figure... J'ai dit feutre dur et non feutre mou,
parce que le feutre mou s'aplatit et s'accroche
à chaque pas dans les branches, et qu'il est

inutile de passer tout son temps à s'occuper de son chapeau.

Mettez vos blanches mains dans de vieux gants de peau, aussi souples que possible... ils seraient neufs qu'ils n'en seraient pas plus mauvais, mais je vous suppose des idées d'ordre et d'économie... N'oubliez pas non plus la chemise de flanelle.

Vous voici donc armé, vêtu et équipé de la tête aux pieds.

Malgré tout cela, il vous arrivera souvent de vous écorcher le nez et les mains, de déchirer votre veste et de revenir sans culotte : mais il n'y a pas de... Bécasses... sans épines, je vous l'ai déjà dit.

Il vous faut maintenant un chien, et un bon chien : nous allons nous en occuper.

CHAPITRE VI

Du Chien

Tous les chiens d'arrèt, braques, épagneuls, griffons et leurs dérivés, sont bons pour la chasse à la Bécasse... quand ils y ont été dressés dès leurs plus tendres années... et qu'ils ont de quatre à cinq ans de pratique.

Pour dresser un jeune chien d'arrèt à cette chasse, il faut d'abord commencer par obtenir du susdit une obéissance passive, mathématique, inébranlable. Il doit revenir au moindre appel, au premier coup de sifflet, et quitter mème son arrêt au besoin, sur l'ordre du maître. Tous les moyens sont bons pour arriver à ce résultat ; douceur ou fermeté, saucisses ou collier de force, vous avez le choix, d'après le caractère de votre élève : c'est à vous à essayer de le deviner.

Il faut ensuite entrer sous bois avec lui, l'accompagner dans sa quête, l'encourager quand il rencontre une bonne voie, lui parler doucement, le modérer sans cesse, et quand enfin il tombe en arrêt... sur la Bécasse blottie, ne pas la manquer... c'est là un point capital, car les bons tireurs font les bons chiens... *La réciproque est quelquefois vraie, mais rarement.* — Donnez un chien excellent à un maladroit, le chien se dégoûtera, ne s'occupera plus de son maître, chassera pour son propre compte et deviendra très probablement détestable... Présentez au contraire le premier chien d'arrêt venu pourvu qu'il ait du nez, à un tireur habile et à un bon chasseur, ce chien deviendra parfait.

Quant au rapport, si le chien a été dressé à rapporter au collier de force, comme tout chien *sans exception* doit l'avoir été, il rapportera parfaitement vos Bécasses ; cela ne lui sera pas agréable, c'est possible, mais enfin il les rapportera ; vous n'avez pas le droit de lui en demander plus !

Le chien d'arrêt, quand il est de bonne race, rapporte naturellement et volontiers dès son bas âge ; mais malgré cette disposition naturelle on doit le soumettre au collier de force : sans cela il deviendrait capricieux et rapporterait tantôt bien, tantôt mal, et souvent pas du tout.

Une fois dressé avec soin à l'aide de cet instrument de supplice qui en définitive vaut mieux que sa réputation, le chien rapporte tout ce qu'on lui demande et ne se permet jamais ni caprices ni fantaisies. Il a conservé le souvenir du fameux collier et il obéit toujours.

Il nous reste à lui mettre un ou plusieurs grelots au cou, suivant que le temps est calme ou que le grand vent souffle.

Cette précaution est excellente, pour savoir toujours où est le chien, pour le suivre et servir son arrêt.

D'ailleurs le bruit du grelot n'a aucune influence sur le gibier, quoiqu'en dise M. d'Houdetot.

Les chiens blancs ou mouchetés de blanc sont les meilleurs pour ce genre de chasse ; on les distingue bien mieux sous bois et au milieu des fourrés que les chiens de couleur foncée. Notre chien est donc de couleur choisie, il est muni d'un grelot, il est docile, il arrête et rapporte bien. Il est dressé alors, me dira-t-on ? Non, pas encore, mais il est en bonne voie ; il lui faut l'expérience et les années, ce qui est la même chose.... *pour les chiens et pour les .. autres !*

Le véritable moment du dressage, pour le chien déstiné à la guerre aux Bécasses, se trouve au passage de mars et non en automne. Les bois sont alors moins fréquentés par le gibier sédentaire qui commence à se remettre en plaine; les taillis sont dégarnis de leurs feuilles et la Bécasse tient mieux à l'arrêt, circonstances qui toutes favorisent la quête et le tir : on doit éviter autant que possible, pendant les premiers jours du dressage, de distraire le chien de la poursuite exclusive de l'oiseau qu'il apprend alors à chasser, et de l'occuper d'autre gibier. Plus tard et en plaine, on agira autrement... Mais ici il faut quêter la Bécasse et autant que possible rien que la Bécasse, sauf exceptions et circonstances: ainsi un sanglier arrêté à 15 pas, un canard ou un ramier qui se posent sous vos canons de fusil, sont des exceptions... Mais elles sont rares... malheureusement.

Pendant la quête du chien, il faut s'armer de la plus grande patience, le suivre continuellement, iul donner l'exemple d'une grande ténacité et lui apprendre enfin, tout ce qu'il devra faire plus tard, seul et livré à lui-même...

CHAPITRE VII

La Quête et le Tir

Nous venons d'armer, d'équiper notre chasseur et de lui dresser son chien: il s'agit maintenant de trouver le gibier et de le tirer.

En certaines contrées bénies du ciel, où on
trouve la Bécasse fatiguée de sa route dans les
broussailles, les haies et même dans les carrés
de légumes, comme sur les côtes de Bretagne,
la quête et le tir offrent peu de difficultés !

En Algérie, l'hiver, dans les broussailles de
lentisques et de lauriers-roses qui couvrent
les rivières, un chasseur, sans chien, en fait le-

ver tant qu'il en peut tirer... Ce sont les exceptions.

Mais dans nos pays boisés du centre et nos montagnes de l'est, c'est une autre affaire, et sauf quelques bois clairs sur nos plateaux en Bourgogne et les prés-bois du Jura où chaque cépée est entourée d'une pelouse, la quête de la Bécasse se fait généralement dans les forêts épaisses, remplies de ronces et d'épines et gardant bien tard leurs feuilles roussies par les froids.

D'après ce que j'ai dit plus haut relativement aux habitudes de la Bécasse, il vaut mieux la chercher au chien d'arrêt, dans l'après-midi, que le matin de bonne heure. Car en agissant ainsi on s'exposerait à laisser le gibier dans son gîte sans que le chien puisse le rencontrer, surtout si on est à mauvais vent et si la terre est sèche.

On peut commencer sa chasse vers les dix heures du matin; mais le meilleur moment de la quête est de une heure à cinq heures. C'est l'instant où la Bécasse, bien reposée des fatigues de la nuit, commence à se mettre en mouvement et à vermiller aux alentours du buisson où elle était blottie depuis l'aube : elle laisse alors des pistes que le chien rencontre facilement, et suit avec aisance jusqu'au moment où, après de longs circuits, il tombe immobile et en arrêt sur le buisson, où elle s'est de nouveau remisée. Comme on ne doit jamais et en aucun cas faire avancer un chien en arrêt, ce qui lui apprendrait à le forcer, il faut tourner lestement de l'autre côté du buisson où repose le gibier et marcher dessus en choisissant autant que possible une place où on puisse rapidement tirer ; la Bécasse part... vite le fusil à l'épaule et tirez lestement. Si vous avez la chance d'apercevoir l'oiseau blotti sous le nez du chien, reculez-vous et tirez-le à terre et au gîte : c'est permis sous bois et c'est une bonne leçon pour votre jeune chien ; en plaine et avec un chien dressé, cela ne se fait pas, c'est un assassinat...

Plus la journée s'avance, plus la Bécasse devient vive dans ses allures ; elle piéte davantage, tient moins bien à l'arrêt et s'envole au moindre bruit.

Aux deux passages d'automne et de printemps qui ont lieu le premier du 15 septembre au 15 novembre et le second du 5 mars au 5 avril, sauf exceptions toujours, on rencontre les Bécasses aux mêmes endroits et dans les mêmes cantons de bois.

Par un temps pluvieux et dans les bois inondés, on devra quêter dans les grands gaulis bien dégarnis d'herbe placés sur les plateaux ou les coteaux au midi et au levant.

Par un temps froid et sec on devra au contraire battre les taillis pleins de mousse et garnis de buissons et de fougères, les bas-fonds humides, le bord des mares, les alentours des étangs.

Ceci est la règle, je vous ai déjà parlé des exceptions.

Dans notre bon pays de Bourgogne, où l'on est assez disposé à l'action, on se jette trop facilement et tête baissée au milieu .. des fourrés les plus inextricables... sans savoir si l'on en sortira avec ses habits et sa figure ! On chasse la Bécasse, tant pis !

Mais à quoi bon se lancer ainsi dans des halliers impénétrables où l'on ne peut ni suivre son chien ni tirer ? On y laisse et ses culottes et le gibier ! On chasse la Bécasse, tant pis ! La Bécasse est au fourré, ou entre au fourré ! Et voilà !

J'ai connu des enragés qui faisaient garnir leurs manches et leurs pantalons de cuir épais pour ne pas les laisser aux épines ! Pourquoi ne pas se cuirasser, s'orner de jambards, cuissards, brassards, casque, etc., et endosser une armure complète ? Mais raisonnons un peu. J'admets que souvent la Bécasse se trouve remisée au milieu du fourré, surtout dans nos bois de la plaine, mais elle se tient ailleurs aussi ; il ne s'agit pas de faire lever beaucoup de Bécasses sans pouvoir en tirer une, il vaut mieux en lever beaucoup moins, et faire feu de temps à autre. Est-ce vrai ?

Eh bien ! voici la méthode à employer : au lieu de se jeter au fourré, on suit autant que possible les routes, les sentiers, les lignes séparatives, en faisant quêter le chien au fourré à droite et à gauche et croiser continuellement de chaque côté à la distance de 20 à 30 pas sans lui permettre de s'écarter davantage. La Bécasse se tient habituellement au fourré à côté des clairières ou des routes, comme je l'ai écrit plus haut ; soyez donc convaincu que vous trouverez en agissant ainsi assez de Bécasses pour pouvoir en tirer quelques-unes dans de bonnes condi-

tions, et vous reviendrez avec vos habits et vos
deux oreilles, ou à peu près...

Mais vous ne vous tenez pas pour battu, et
vous allez, je n'en doute pas, m'objecter qu'il y
a beaucoup de bois, mal routés ou mal percés
où mon procédé ne serait pas applicable !
Voici la réponse.

Vous n'avez dans vos bois ni chemins, ni
sentiers, dites-vous ? Eh bien ! faites-en, ce
n'est pas difficile.

Aussitôt que vous le pourrez et avant l'arrivée de votre gibier, armez-vous d'un bon cou-
teau de chasse et d'un sécateur, et allez vous
promener dans vos bois.

Commencez par élaguer les sentiers que
vous connaissez, puis en vous rappelant les enceintes où chaque année habitent vos Bécasses,
tracez hardiment d'une coupe à l'autre un sen-
tier qui serpente et traverse les clairières, suivant les cours d'eau ou le bord des mares, et co-
toyant les fourrés épais ; ne lui donnez que la largeur nécessaire pour votre passage : là du moins
vous circulerez à l'aise, sans être constamment
occupé de garantir votre nez ou vos mains et vous
pourrez employer avec succès le procédé indiqué.

En outre vous favoriserez la croissance des
taillis en y faisant pénétrer l'air et le soleil, et
à tous les points de vue ma façon de quêter
produira de bons résultats.

On doit autant que possible marcher à bon
vent et faire peu de bruit : la Bécasse, il est vrai,
habituellement tient bien devant le chien et
malgré le bruit ne part qu'à la dernière extrémité : mais par certains temps pluvieux et les
vents d'ouest notre oiseau court sous bois, part
au moindre bruit, s'envole, se repose, et ne se
laisse pas arrêter. En ce cas, pas de cris, pas
de grands bruits ; avec un chien docile, ne
s'éloignant pas, on peut encore réussir, malgré
le temps et le vent contraires.

La petite Bécasse, la Martinète, tient moins
bien devant le chien que la Bécasse ordinaire ;
son vol est plus rapide, très irrégulier et orné de
nombreux crochets comme celui de la Bécassine.

En mars, où les Bécasses vont souvent par
couples, il arrive d'en faire lever deux à la fois,
et le coup double est permis... aux tireurs
prompts à mettre la crosse à l'épaule. Ce n'est
pas le moment d'attendre que la Bécasse, après
son vol vertical, ait repris son vol horizontal

etc., etc., comme le demandent les auteurs. Il faut tirer vite, et le mieux possible, quand on peut et comme on peut, au jugé même, à travers les branches. On est toujours sûr de ramasser quelque chose, le plus souvent.. des feuilles..., quelquefois le gibier.

Si un seul des oiseaux est tombé, ce que je vous souhaite, vous devez aller à la remise de l'autre de suite : si, malgré tous vos efforts, vous n'avez pu le retrouver, revenez quelques heures après là où était le couple, et vous découvrirez très certainement l'oiseau introuvable, revenu tout naturellement à la recherche de sa compagne, blottie dans votre poche... en attendant la broche fatale.

Il n'y a pas de règles de tir pour la Bécasse comme pour la bécassine.

La Bécasse a un vol rapide et très irrégulier. Tantôt elle s'élève verticalement et se laisse retomber à quelque distance, tantôt elle part en se masquant par un arbre et vole en ligne droite, puis se jette brusquement à droite ou à gauche, au bord d'un chemin ou d'une clairière... Là elle attend un instant, entre au fourré et se gîte de nouveau.

Souvent elle s'élance à droite et tout à coup fait un brusque crochet à gauche, en plongeant derrière les cépées ; souvent aussi elle part devant vous, puis arrivée à une certaine distance, décrit un vol circulaire et revient se placer en arrière de vous. J'en ai été témoin plusieurs fois.

Quelquefois, en sortant d'un gaulis élevé, elle file droit devant elle, et si le bord des champs est proche, elle suit la lisière du bois en volant et se jette brusquement au premier chemin qu'elle rencontre... Quelquefois aussi elle s'abat dans une coupe de l'année, au milieu des tas de bois et des fagots.

En somme c'est un des tirs les plus difficiles que je connaisse et il faut être très adroit ou très heureux pour tuer les deux tiers des Bécasses tirées dans nos contrées.

Dans les haies de la Bretagne, les prés-bois du Jura, les broussailles de l'Algérie, on a le droit d'en demander davantage.

A cette chasse, je le répète, il faut s'armer d'une grande patience, ne pas se décourager et donner au chien l'exemple d'une ténacité invincible : c'est le meilleur moyen de le doter de cette qualité indispensable pour lui.

On doit commencer par battre les cantons de bois où les Bécasses se remisent ordinairement et s'attacher à la poursuite de celles qu'on fait lever, au lieu de continuer sa quête au hasard, car ce serait souvent quitter la proie pour l'ombre... Malgré un insuccès complet dans les meilleures places, il faut quêter ailleurs et partout, tant que le jour vous éclaire et que vos jambes vous le permettent... au dernier moment on a quelquefois la chance de tomber sur un passage rassemblé à l'arrivée du matin ou se préparant au départ pour la nuit, dans un canton où l'on n'espérait pas en rencontrer... Alors les fatigues sont vite oubliées.

Pour manger un dinde il faut être deux, dit un auteur, le dinde et soi... A la chasse aux Bécasses, il faut être plusieurs... chiens et plusieurs chasseurs pour bien réussir... Pardon si j'ai placé les chiens avant les chasseurs... On a dit depuis longtemps que ce qu'il y avait de meilleur chez l'homme... *c'était*... *le chien*... et en prenant des années je commence à être de cet avis... C'était aussi celui de l'académicien Briffaut; interrogé par un enfant qui lui demandait pourquoi il portait un nom de chien,

il répondit finement... « que ses ancêtres autre-
« fois avaient été des chiens, mais que Dieu,
« pour les punir de leurs fautes et de leur
« méchanceté, les avait changés en hommes ! »

Mais pardon de cette digression, je reviens à
mes deux ou trois couples de ch... asseurs et
de chiens !

On doit en ce cas se placer en ligne à vingt-
cinq ou trente pas les uns des autres, marcher
l'arme haute, s'appeler souvent pour bien se
rendre compte de la position occupée par tout
le monde et ne tirer que devant soi.

Lorsqu'une Bécasse se lève devant l'un des
chasseurs, il doit crier de suite gare haut ! ou
Bécasse ! et chacun cherche, si elle est manquée,
à bien remarquer sa direction... On se rassemble
alors, on marche en ligne sur la remise et on
ne doit l'abandonner que lorsqu'il est impossible
de la retrouver...

Maintenant que j'ai décrit les règles de la
quête et du tir et les exceptions, je termine en
déclarant que rien n'est plus difficile, plus incertain, plus irrégulier que cette chasse.

Feu sacré, ténacité indomptable de l'homme
et du chien, patience à toute épreuve, obser-

vations continuelles, jambes d'acier, coup d'œil infaillible, voilà les conditions requises pour réussir dans la poursuite de cet oiseau stupide et aveugle !

CHAPITRE VIII

L'Affût à la fontaine

Nous avons déjà dit dans un chapitre précédent qu'au crépuscule la Bécasse allait faire sa toilette à la plus prochaine mare.

On a spéculé sur les habitudes de propreté du pauvre oiseau et au lieu d'admirer en silence une qualité peu développée chez beaucoup *d'êtres soi-disant civilisés*, on s'est organisé au contraire pour le fusiller sans merci au moment de ses ablutions régulières.

Ce mode de chasse se nomme l'affût et en Bourgogne la chute. Il se pratique en automne

du 15 septembre jusqu'aux première gelées ;
il est très usité dans nos bois de montagne où
les sources sont rares et où par conséquent les
Bécasses sont obligées de venir de loin pour faire
leur toilette.

Voici comment cet affût se pratique. Au fond
de nos vallons boisés, se trouvent souvent des
petits ruisseaux ou des sources vives; au moyen
de digues, on détourne l'eau et on la fait refluer
pour former un petit bassin peu profond et d'une
largeur moyenne en ayant soin de dégarnir les
bords des herbes ou des broussailles qui pour-
raient entraver les allures du gibier ; à 20 pas
du bassin on construit avec des branches et du
feuillage, une petite hutte, où l'on ménage des
ouvertures ou meurtrières de façon à pouvoir
tirer dans toutes les directions.

Il est bon de couvrir et de boucher les sources
et les flaques d'eau des alentours avec des
branchages pour forcer les Bécasses à venir à
l'affût préparé. — Un peu avant le coucher du
soleil on doit être installé dans la hutte avec un
fusil chargé à 3 grammes de poudre et 30 grammes de plomb n° 8 ou n° 9 , c'est plus que suffi-
sant pour tuer raide à 20 pas une Bécasse posée !

Aussitôt que le *scarabée stercoraire* ou *bousier* en termes vulgaires commence à faire entendre ses bourdonnements, on doit se tenir prêt. La Bécasse arrive sans bruit et se pose d'abord à quelques pas de la mare, elle écoute immobile (en ce moment il faut éviter le moindre bruit), puis rassurée par le silence, elle court à l'eau, y plonge ses pattes et son bec et se trémousse en s'aspergeant de tous côtés; c'est ce moment que l'on doit choisir pour tirer, et non avant.

Aussitôt le coup parti, on doit courir ramasser son gibier... s'il y a lieu, et se remettre à l'affût. On peut quelquefois tirer plusieurs Bécasses dans la même soirée, mais cela devient de jour en jour plus rare.

Cet affût ne dure pas plus de 25 minutes, et la nuit est trop obscure pour pouvoir tirer avec succès au bout de ce laps de temps.

Quelques chasseurs placent un petit guidon de papier blanc sur leur point de mire pour mieux diriger leur tir, c'est un bon moyen qui réussit bien.

Dans les grandes forêts de la plaine, ce genre de chasse est peu pratiqué, car là se trouvent trop de cours d'eau, d'étangs et de mares, pour avoir quelque chance de succès.

Je ne sais pas si cet affût est praticable à l'aube, lorsque la Bécasse revient des champs ; en tout cas, il n'est pas usité dans nos contrées, et ne se fait jamais qu'au passage de l'automne, et non au passage du printemps.

CHAPITRE IX

La Passe et la Croule

La Bécasse, avant de se rendre à sa toilette
et de gagner les champs où elle vermille pendant la nuit, fait quelques randonnées au-dessus
des taillis, et passe habituellement aux mêmes
endroits et en suivant la même route que la
veille.

Malgré les opinions contraires des auteurs, je
persiste à soutenir cette opinion ; car il m'est arrivé de tuer à la passe une Bécasse qui trois soirs
de suite passait au-dessus des mêmes chênes
en suivant la même direction. Je la vis de trop

loin la première fois. Le lendemain, j'allai me placer sur son passage, mais, je l'avoue, je la manquai, et ce n'est qu'à la troisième tentative que je réussis à la tuer. Le lendemain, je me remis au même poste, espérant en voir passer d'autres ; mais il n'en vint pas là où j'étais, et il en passa deux à la place où je me mettais d'habitude. C'était donc bien la même Bécasse venant du même point, passant au même endroit et suivant la même route, que j'avais tuée au bout de trois séances.

Du reste, des gardes-forestiers l'ont remarqué aussi, et me l'ont plus d'une fois affirmé. M. P. de Faveaux à ce sujet raconte l'histoire plaisante d'un garde qui quatre jours de suite manqua la *même* Bécasse passant au-dessus du même arbre et à la même minute ! Elle vole encore...

On a donc très logiquement cherché à mettre à profit cette habitude de notre oiseau.

Le fond des vallons, les carrefours, les grandes routes droites qui conduisent aux champs, une plaine resserrée entre deux bois, la queue des étangs sont les meilleurs postes pour se placer à la passe ou à la croule.

En automne cet affût se nomme la passe, et au printemps la croule, et ces dénominations diverses de la même chasse tiennent à ce que la Bécasse en automne ne fait que passer sans bruit, de là le mot passe, et qu'au printemps elle vole en faisant entendre le cri de *crow*, *crow*, d'où on fait croule.

On doit se placer les yeux tournés du côté du couchant, de façon à jouir plus longtemps du jour qui disparaît et à pouvoir tirer dans toutes les directions.

La Bécasse, aveugle la journée, n'est plus guère que myope au crépuscule : malgré cette triste infirmité constatée par la science et dont je crois avoir fait justice, notre oiseau vole le soir plus vite qu'en plein jour, y voit admirablement et exécute lorsqu'il aperçoit le chasseur, les crochets les plus extraordinaires, ce qui rend son tir très difficile. On doit donc être vêtu d'habits de couleur sombre, et s'adosser contre un arbre ou se placer derrière un buisson ; comme à la chasse au chevreuil, la blouse blanche est un épouvantail à la passe. Même observation pour le chien de la même couleur ; nécessaire à son maître pour retrouver le gibier démonté ou tombé dans le taillis déjà obscur à cette heure, il doit être couché et caché derrière un buisson pendant tout le temps de la passe.

Le fusil doit être chargé avec les charges indiquées au chap. V, et non avec du gros plomb, excepté dans les *fusils-couleuvrines* calibre 8, où, dit-on, le plomb n° 6 fait le même effet que le plomb n° 8 dans les calibres 16. Néanmoins dans le fusil-couleuvrine calibre 8, j'y mettrais, moi, du plomb n° 8 ou 9, et jaurais alors des chances colossales de succès. Le moment de la passe ne dure pas plus de 25 à 30 minutes ; elle commence au moment où notre scarabée, bousier ou *mouche d'affût*, nom plus poétique, fait entendre son bourdonnement, et finit à la nuit noire.

La passe du soir vaut mieux que celle du matin, en automne ; mais au printemps la passe du matin est bonne, et présente quelquefois la chance de voir arriver un vol de Bécasses, et de pouvoir remarquer la remise des oiseaux fatigués : mais c'est rare, j'en conviens... bien rare...

La passe du printemps ou la croule qui prend son nom, comme je l'ai déjà dit, du croassement singulier que fait alors entendre la Bécasse, *crow, crow*, offre beaucoup plus d'avantages que celle de l'automne.

Les Bécasses à cette époque passent souvent deux par deux, se poursuivent au-dessus des taillis et semblent se jouer entre elles : c'est à ce moment qu'elles préviennent le chasseur par leur cri d'appel *pitt, pitt*, et leur chant d'amour *crow, crow*, notes bien mélodieuses aux oreilles... du chasseur embusqué.

La croule a lieu dès les premiers jours de mars à 6 heures du soir, et à la fin du même mois entre 6 heures et demie et 7 heures.

Elle est annoncée par le bourdonnement de la mouche d'affût et le silence des grives et des merles; elle dure de 10 à 15 minutes à peu près.

Mais comme on est prévenu par les cris d'appel de l'oiseau et que les arbres et les taillis sont alors complétement dépouillés de leurs feuilles, le tir est beaucoup plus facile et la réussite à peu près certaine, surtout si le temps est doux et calme et si le vent vient du midi.

Par les temps froids et secs et les vents du nord, les Bécasses passent haut, très vite, sans s'arrêter, et ne chantent pas ou rarement.

4.

On doit observer toutes les mêmes précautions que pour la passe et réfléchir que, vu la nudité des arbres, il faut chercher à se cacher avec plus de soin encore qu'en automne.

CHAPITRE X

Chasse à la battue

Dans les forêts bien aménagées où le passage
est abondant, on chasse aussi la Bécasse en
battues.

On fait fouler les enceintes à bon vent par des
rabatteurs armés de bâtons qui frappent avec
soin sur les buissons et les cépées, mais il faut
qu'ils soient assez nombreux et très rapprochés
les uns des autres de façon à les faire lever
presque toutes.

Les tireurs s'embusquent autour des enceintes et à mauvais vent si faire se peut, car la

Bécasse, piquant habituellement dans le vent au départ, vient passer sur leur tête.

On a soin aussi de faire placer un rabatteur au sommet d'un arbre élevé pour remarquer les remises.

Aussitôt que l'enceinte est vidée et pendant que les rabatteurs se reposent, les chasseurs accompagnés des chiens vont quêter aux remises, puis reviennent entourer une autre enceinte.

Cette chasse était jadis très pratiquée dans le haut Morvan et sur les plateaux de quelques montagnes. Elle s'exécute partout où le passage est abondant... Priez donc le grand saint Hubert, notre patron, de vous en envoyer par voiliers immenses.

CHAPITRE XI

Chasse aux lacets

Au risque d'exciter l'indignation des auteurs, je vais décrire la manière de prendre les Bécasses aux lacets ou collets.

Je déteste ce genre de chasse, je l'avoue, et j'ai habituellement en horreur tout ce qui n'est pas le fusil pour le gibier, et la ligne pour le poisson : mais quand il s'agit d'un oiseau de passage, aujourd'hui chez moi, et demain à cent lieues chez des confrères qui le mettront en broche, j'abandonne mes scrupules et je commence... Que les purs se signent, mais que les autres écoutent !

Autour des fontaines, dans les prés humides où la Bécasse vient faire sa nuit, là où on remarque de nombreux miroirs, on fait de petites barricades — celles-là sont autorisées — avec des bûchettes de 8 à 12 centimètres de hauteur, sur de grandes longueurs, et on laisse dans cette haie factice, de distance en distance, des ouvertures, dans lesquelles on place deux lacets en crin double ou nœuds coulants attachés à un rejet ; l'un de ces lacets se place par terre et l'autre à trois centimètres au-dessus du sol. La Bécasse cherche un passage, le trouve, s'y engage et se prend par les pattes... Dans les taillis très peuplés de Bécasses on emploie aussi le même moyen, on barre toute une coupe avec les barricades en miniature décrites plus haut et on y tend également des lacets de la même façon.

Dans les Ardennes et en Bretagne on en prend beaucoup ainsi. On se servait jadis aussi d'un grand filet appelé *pentière* ou *pentenne*, tendu verticalement entre deux arbres, au fond d'un vallon encaissé. La Bécasse venait s'y jeter en passant, le chasseur tirait une ficelle et le filet tombait sur l'oiseau empêtré dans les mailles.

Jadis cette chasse était fructueuse... dans le temps où la reine Berthe... filait... Aujourd'hui ce serait peine perdue, excepté dans quelques rares contrées encore bénies du ciel.

Il ne me reste plus qu'à citer le genre de chasse que tout le monde connaît... la chasse à *l'écumoire*, avec un marteau pour river les becs. Si je rappelle cette plaisanterie, c'est que j'ai voulu, au risque de rabâcher encore, donner une preuve de plus de la réputation complète de stupidité faite à notre oiseau... par le peuple le plus spirituel de l'univers... à ce qu'il prétend... du moins.

CHAPITRE XII

La Bécasse s'en va

La Bécassine s'en va! s'écrie tristement M. Toussenel... dans un de ses livres... La Bécasse aussi, ajouterons-nous !

Mais si la Bécassine diminue en France, c'est que les marais ont fait place aux champs cultivés ; elle nous a quittés par notre faute... Nous n'avons rien à lui reprocher.

Si la Bécasse diminue aussi dans presque toutes les contrées de la France, sauf quelques coins de terre favorisés du ciel, ce ne sont pas nos forêts qui lui manquent et nos montagnes sont encore debout, Dieu merci !

D'où vient donc cette triste diminution ? A mon avis, de deux causes qui pour bien dire n'en font qu'une, le nombre toujours crois-sant des chasseurs et le perfectionnement des armes de chasse, et la destruction sur une vaste échelle de l'oiseau au long bec dans les contrées où jadis il passait l'hiver en toute sécurité.

Je vais m'expliquer sur le premier point.

Tout le monde sait que depuis 20 ans le nombre des chasseurs a quadruplé et que les fusils à bascule, d'une portée régulière, sans ratés et se chargeant deux fois plus vite, sont dans les mains de tous aujourd'hui.

J'arrive à la cause la plus sérieuse à mon avis, et peut-être la plus vraie, de la diminu-tion de notre brave oiseau.

Dans les premiers temps de notre conquête en Algérie, les Arabes ne chassaient pas le gibier à plume ; les canards, bécasses, etc., sauf la perdrix, de par la loi de Mahomet qui les protégeait, vivaient donc en paix ; nos officiers chasseurs, eux, faisaient la guerre à tout gibier ; mais des armes inférieures à celles d'à présent, le danger de s'aventurer au loin dans des tribus à peine soumises, restreignaient le chiffre des victimes.

Depuis lors, l'Algérie a été soumise, on a accordé des concessions, les colons sont arrivés et les villes se sont peuplées comme les villages. La chasse tout naturellement, comme ressource d'abord et ensuite comme plaisir, est devenue l'occupation favorite des habitants. Les armes se sont perfectionnées, le désert s'est peuplé et le massacre du gibier a commencé dans de grandes proportions.

Canards de toute espèce, cailles, bécasses, bécassines, qui jadis vivaient en paix sur le bord des rivières pendant tout l'hiver en attendant le moment du départ pour l'Europe, sont tombés par milliers sous la fusillade générale.

Les marchés se sont alors approvisionnés et le prix du gibier a naturellement augmenté.

Les Arabes ont suivi notre exemple et ont fait aussi une guerre d'extermination à ces pauvres oiseaux de passage, non pas pour les manger , mais pour les vendre cher aux marchés.

La conclusion en est facile. Il ne nous vient plus en France maintenant que tout ce qui a pu échapper au massacre ; il est évident que si on tue en Algérie trois millions d'oiseaux de passage, et ce chiffre n'est pas exagéré, ce sont trois millions d'oiseaux de moins, qui ne reviennent pas.

Restent les Bécasses qui viennent de l'Amérique par l'ouest, comme le proclame M. d'Houdelot... Mais quand le désert américain sera peuplé comme l'Algérie, et que toutes ses solitudes seront habitées comme notre vieille Europe, les Bécasses arrivant de l'ouest diminueront aussi. Il nous faudra alors faire en France ce qu'on fait aux États-Unis, et interdire la chasse aux Bécasses au passage du printemps, époque de sa ponte, comme on l'interdit en Amérique du 15 avril au 4 juillet. Quels affreux tableaux pour un chasseur ! Mais je ne les verrai pas ! Je ne serai plus de ce monde heureusement pour assister à de si grands. désastres... Je chasserai alors dans un monde meilleur, là où le chien sera le

même.. .l'homme plus parfait sans doute... et
le gibier inépuisable...

C'est le paradis que je me souhaite et à
vous aussi , mes chers confrères en saint
Hubert.

CHAPITRE XIII

A mes lecteurs... si j'en ai

L'œuvre que je vous annonçais est terminée.
J'ai essayé de dérouler sous vos yeux le résumé
de tout ce qui avait été dit sur la Bécasse et
ses habitudes ; j'ai tenté de signaler les
erreurs commises et de rétablir la vérité ; j'y
ai joint l'expérience pratique de vingt-cinq années de chasse, mes observations personnelles
et celles des autres.

Ce petit livre n'est donc ni une spéculation
ni une réclame : je l'ai écrit le fusil d'une main
et la plume de l'autre, dans le double but de

vous être utile et de réhabiliter un noble oiseau, inconnu et trop longtemps calomnié.

Si dans la lecture de ces pages vous trouvez soit une indication utile, soit un conseil pratique, je me trouverai bien récompensé de les avoir écrites.

FIN

TABLE DES MATIÈRES

DIJON, IMPRIMERIE J -E. RABUTOT